へぐりさんちは猫の家

廣瀬慶二
一級建築士・一級愛玩動物飼養管理士

へぐりさん家《ち》には、15匹の猫と5匹の犬、
そして、お父さんとお母さんと娘さん、3人の人がいます。
「大家族」が、平和にしあわせに暮らせる家を設計してほしい。
建築家をなりわいにしてる僕にそんな大役が回ってきました。
「家族」たちと相談してつくり上げた家、
結構みんな気に入ってくれているようです――。

はじまりのベル

2008年の冬。ちっとも暖房が効かない事務所の電話がけたたましく鳴る。
「猫もいけるんやんね？　犬もいっぱいおるねんけど」
どう考えても、普通の設計事務所にかかってくる電話の内容ではない。でもこれが、僕の設計事務所 ── ファウナ・プラス・デザインの日常的なやりとりです。
「ええ。大丈夫ですよ。何匹いるんですか？」
「猫は15匹おるんよ。犬は5匹やけど」
犬は群れだから、家が広ければ頭数は気にしていないし設計にも自信がある。しかし猫15匹ともなると当時の僕にはかなり多く感じられ、その生活を想像できるものではありませんでした。完全な室内飼育で、外には一歩も出さないことを考えるとなおさらです。でも今は、「あぁ、ちょうどいい人数ですね」なんて言ってしまうのだから慣れというのは恐ろしい。
とにもかくにも、例年になく寒いこの日にかかってきたこの一本の電話の呼び出し音が、世界の猫好きたちに国境を越えてその空間をうらやましがらせ、cool! だの awesome! だの 5555 だのと賞賛してもらえるなんて全く想像していなかった「猫の家　The Cats' House」── その家をデザインするはじまりのベルだったのです。

――新しい家の住み心地はいかがですか？
「快適だよ！ ちくわと魚肉ソーセージぐらいの差があるね」

――まり子さんはどうして家出娘だったのですか？
「用事があったの。私がいないと困る人がいるの。そういうことなの」

家庭訪問

老朽化した今の家はすべて取り壊し、建て替えをする方針で話は進みました。ですから普通は、取り壊す予定の家の中を細かく見る必要はありません。でも僕は古い推理小説に出てくる虫眼鏡を持った探偵のように細かく家の中を見てまわります。

へぐりさん家への家庭訪問は猫たちの生活を観察するためです。設計の打ち合わせは猫のことを十分に調べたそのあとで。

家の中が爪とぎで傷つけられている場所を見つけたり、マーキングの跡を探したり、おおよそ普通の建築家には無縁の調査をせっせと行ないます。家庭ごとに異なる猫トイレの使い方や食事の方法を確認して、最後には、どこに隠れてしまったのかわからない子を大捜索して、追いかけて、１匹１匹の顔と名前、性格を把握しなくてはいけません。当時５歳だったまり子さんは窓を上手に開けて脱走してしまう家出娘でした。新しい家には脱走防止の工夫が必要になります。

でもそんなことより大問題なのは、もうこれ以上壊すところはないだろうと思えるほどに、へぐりさんの家は15匹の猫たちによってボロボロに荒れ果てていたことでした。これから僕が設計する新しい家はボロボロにならない家にしなくてはいけません。

まる（馬琉）
アメリカン・ショートヘア
男の子 8ヶ月

かい（櫂）
ノルウェージャン・フォレストキャット
男の子 11ヶ月

はな（華）
ミックス 女の子 2歳

レン（恋）
ソマリ 男の子 4歳

あい
ペルシャ 女の子 4歳

しろみ
ペルシャ 女の子 4歳

ちなつ
ミックス 男の子 5歳

小太郎
ポメラニアン 男の子 3歳

ぎんた
ミックス 男の子 5歳

こはる
ミックス 女の子 5歳

えり
ミックス 男の子 6歳

たま
ミックス 男の子 9歳

まり子
ミックス 女の子 6歳

さくら
ニューファンドランド 女の子 8歳位

ある
ミックス 男の子 10歳

ジャイコ
キースホンド 女の子 5歳

やまと
キースホンド 女の子 5歳

ひな
メインクーン 女の子 12歳

りゅう
ミックス 男の子 12歳

ふく
メインクーン 女の子 12歳

テン
ミックス 女の子 6歳

※この名簿は2009年10月時点のもの。メンバーは猫16匹、犬5匹です。

タンスの上のアフォーダンス

へぐりさん家の猫を観察すると、窓際や見晴らしの良いタンスの上が猫たちの特等席になっていました。ある年季の入ったタンスの上には縄張りを主張するマーキングや争いの痕跡がいくつか見つかったので、猫たちはそこを奪いあっていたのでしょう。おだやかではありません。猫はとっておきの場所を独占せず、平和に譲りあえる生き物です。しかし、その年季の入ったタンスの上には譲りあえない何かがあるのです。

アメリカの心理学者 J.J. ギブソンは「アフォーダンス」という面白い考え方を提唱しています。モノは動物に対して沈黙しながらも何かの行為を誘っているというものです。その考えに沿えば「この年季の入ったタンスは猫を自分の頭の上にのせることをアフォードしている」ということになります。いくら年季が入っていてもタンスのくせに生意気です。

アトリエに戻り僕が最初に書いたのは家の図面ではなく、壁一面を使った猫の集合住宅みたいな家具でした。本棚みたいな形をしていますが、登りやすい階段がついているので、猫は自分の好きな場所を選んでそこを寝床にすることができます。

本日は空室が多いようで、しろみが一人で寝ています。
左上に櫂くんの尻尾が見切れています。

居場所がたくさんあるというしあわせ。
好きな時間に好きな場所で好きなことをしていられるのが猫。

設計のはじまり

へぐりさん家の設計は序盤から困難を極めていました。僕は最初から最後までずっと頭を抱えていたので、わざわざ序盤がどうのこうのと書く必要は全くないのですが、とにかくたいへんだったのです。僕は世間から、犬や猫と暮らす家を楽しそうに設計している人だと誤解されているので、ここぞとばかりに、建築家らしく苦悩している姿をちゃんと知っていただきたいと思います。

序盤での苦悩は法律のせいで、思っていたよりも小さい家になってしまうことでした。あちらを立てればこちらが立たずという感じで、ゆったりとしたLDKのある普通の家を設計することが難しかったのです。

奥様　「ここはテーブルを置く場所？」
僕　「狭いですがダイニングルームです」
お嬢様　「ダイニングルームっているの？」
奥様　「なくせば他の部屋が広くなるわよね」
僕　（えっ、それでいいの？）

奥様　「ここは2階建てじゃないの？」
僕　「はい。そこは屋根なんです」
お嬢様　「屋上にすれば？　ドッグランに！」
奥様　「あんたかしこいねぇ。みんな喜ぶわ」
僕　（あっ、それいただき！）

あなたの普通が普遍的でないことを知りなさい。
僕がへぐりさんから学んだ家づくりに対する教訓です。

実はへぐりさん家の平面図（間取り図）を国内で発表したことは一度もありません。建築家が雑誌などに作品を発表する時には必ず平面図を載せるものなのですが、へぐりさん家については、出版社に平面図の掲載をたのまれても頑なに断ってきました。その理由は平面図だと猫のためにデザインした部分がうまく表現できないのと、へぐりさん家には普通の家にあるはずの部屋がないからです。

へぐりさん家にはリビングルームがないばかりか、ダイニングキッチンすらありません（独立したキッチンはあります）。とても住みやすい家なのですが、普通の家の間取りとはあまりにも違いすぎて、平面図だけを見た人は、それを普通の家族が暮らす住まいだと思わないかもしれません。そんなわけで地球の裏側にあるブラジルの建築雑誌にだけ、こっそり平面図を載せてみました。ブラジルの美人編集者ならうまくやってくれると信じたからです。発行されてから１ヶ月後に船便で届いたその雑誌を手にとった時、僕はとても良い記事になったなぁと心で感じました。

ポルトガル語なので自分の名前しか読めませんでしたが、ページをめくるたびにボサノバが聞こえてくるような気がしたのです。

みどりの部屋から

青い空を見る

幾何学的でシンメトリーな空間の中にいるからこそ、自由に動きまわる猫たちの姿はとても活き活きとして映り、ずっと見ていても飽きないのです。

間取りってなに？

リビングルームで家族団らん。食事の用意がととのって、ダイニングに移動。みんなで席に着いて楽しく食事をし、ごちそうさまでリビングルームに戻って猫をひざにソファでくつろぐ。そんななんでもないような日常が……って書こうと思ったけれど、それって本当にみんなの日常ですか？

たとえば僕の家だと、妻に怒られれば片づけますが、ダイニングテーブルには本を積み上げているし、ごはんも和食ならリビングの床に座って大きい木のローテーブルで食べたほうがしっくりくる気がします。たぶん今の日本人にとって、リビングルームだとかダイニングルームだとかの名前と実際の使い方は、全然一致していなくてもいいと思うのです。

というわけで、へぐりさん家にはリビングルームやダイニングルームと名づけた部屋がないかわりに、ご主人・奥様・お嬢様は、それぞれの寝室とは別に、結構広めの個室を持つことになりました。食事や一家団らんは誰かの部屋に集まって自由な感じで過ごすスタイルで、見方を変えればリビングルームが３つあるということになります。そして猫たちはいろいろな仕掛けのある「猫道」を通って、３つのリビングルームを気ままに訪問することができます。

——お二人はここから人間を見下ろしているわけですよね。
やはりトップ・オブ・ザ・ワールド的な立ち位置を意識している？
「そういうことを聞かれると知っていたからあえて否定はしないよ。でも、猫的には安易に肯定はできないね」
「立ち位置なんて言葉のチョイス自体が本質的な部分で間違っていることに気づいてもらいたいんだ。猫的にはね」

――今回キャットツリーが導入されたわけですが、それについてお二人にご感想をいただけませんか？
「すごく気に入ってるよ。飛躍的にパフォーマンスが向上したからね。今まで機材のせいにしてきたことがメンタルの問題だと気づかされたんだ。そう。猫的にね。これは大きな収穫だったよ」「そう。猫的にね」

全部、猫のせいにして

よくある日本の家の廊下の幅は78cm。両手を広げて天を仰ごうにも左右の壁が邪魔をする。そんなことをする習慣はありませんが、へぐりさん家の廊下の幅は1.7mもあるので余裕です。でも広い廊下はムダな場所だと思われがち。猫たちはとっても喜ぶのに。

へぐりさん家の設計で僕が最初に決めていたことは、家の中心を南北に貫く、広くて風通しが良い明るい廊下をつくって、その頭上にキャットウォークなどの「猫道」や隠れ家を配置することでした。そして床からはキャットタワーをたくさん生やしてみたかったのです。すぐに壊れる市販品ではなく、キャットツリーとよんでいる頑丈なものを。かなり邪魔な代物になりそうでしたが、全部、猫のせいにして納得してもらいました。

キャットツリーをよけながら人が行き来すると、高い場所から見下ろしている猫には、人の頭髪がゆらゆらと動くのが獲物みたいに見えて楽しいはずだと考えたのです。完成後に僕が歩いてみたら、ほどよい高さにいたレンくんからおでこに猫パンチを喰らいました。この考えが間違っていなかったことを身をもって証明した瞬間です。でもその時の目撃者は残念ながらアメショーの馬琉くんだけでした。

「あんたのことは知ってるよ。せいぜい前足をすくわれないように気をつけるんだよ」

「あれが！ こうして！ こうなって！ 見て見て！ それからっ！」
「ちょっ、おまえ、なんで白くなってんの？」

犬と猫の２世帯住宅

へぐりさん家には大型犬から小型犬まで５匹の犬がいます。犬たちは朝からお嬢様と一緒に車で出勤するので昼間はほとんど家にいません。だから重要なリクエストは１つだけ。出勤時の大移動がスムーズに行なえる仕組みづくりです。

犬たちの寝床は、お嬢様の部屋と２階にあるドッグランの両方につながる土足スペースにあります。人も犬も寝室が全部２階になってしまったので、毎朝の出勤時にみんながいっせいに階段を使うと大渋滞になってしまいます。そこに15匹の猫が加わった日にゃー、もうたいへんです。

だから犬とお嬢様には屋内の階段とは別に、第２の玄関と駐車場に直結した屋外階段を設計しました。朝になると、犬たちは颯爽とその階段を駆け下り、駐車場に停めてある車に乗り込んでいきます。なんてすばらしいアイデアでしょう。でもこれってあとから考えれば、1階と２階に玄関がある２世帯住宅と同じ形です。結局僕は、無意識のうちに犬世帯と猫世帯が同居する２世帯住宅をつくっていたのです。

だいたいの犬と猫は仲良しです。猫もリードをつければ外に出られますから、ある夏の日、黒いニューファンドランドのさくらと、白猫のちなつが仲良く一緒に庭で昼寝をしていました。

設計の折り返し地点

へぐりさん家の設計は中盤も困難を極めていました。ゴールしてはじめて「今、中盤あたり」と言えるのであって、完成の気配もないままに季節は春になり、夏になり、なぜか敷地の形が変わって設計を全部やり直していたら、とうとう秋になってしまいました。いったいどの辺が中盤なんだろう？

11月。設計開始からすでに9ヶ月が経過。図面の量も100枚を突破。もうそろそろ終わらせないと事務所の経営がヤバイ時期でした。この本を書いている今も、かなりヤバイのですが（助けてください）。

でもね、打ち合わせのたびに、実現するのは難しそうなんだけれど、とても楽しい猫のための工夫を呑気に言ってくる（ご提案してくださる）へぐりさんや猫たちの顔を思い浮かべると、なんだかまだまだ本物の「猫の家」になっていない気がして、「今が折り返し地点なんだ！」とスタッフに宣言をして、もうちょっとがんばってみることにしたのです。そして今、この本でお見せしているのは、この折り返し地点以降に考えた、とっておきの猫のためのデザインです。「もうちょっとだけがんばってみる」という気持ちは、ものづくりをする人間にとって、とても大切なことだと僕は思っています。

遠くに見える白い影は……

「ちなつですよ」

「ちなつですよー」

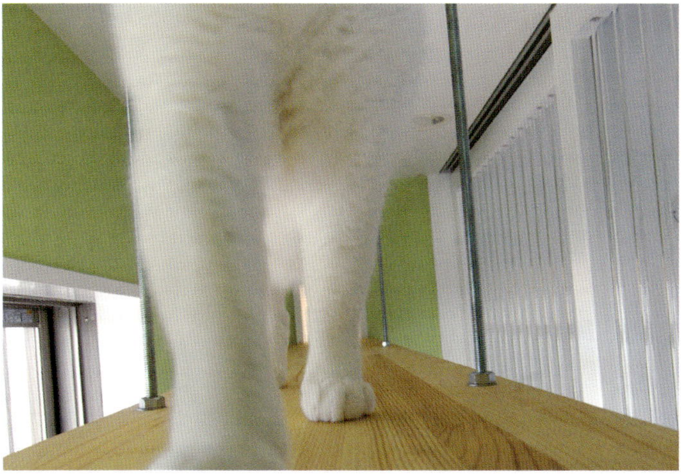

「ちなつですよっ！」

「ち な つ で す よ っ ！」

「レンもいるよ」

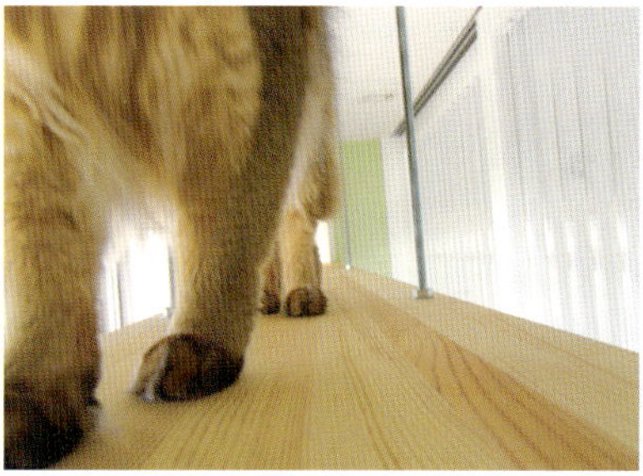

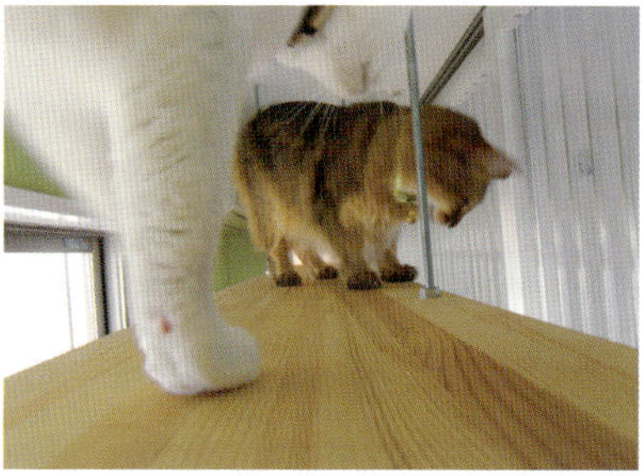

ジグザグのキャットウォーク

優れた建築家は泉のようにわいてくるアイデアを実現すべく、寝食も忘れて図面を書きます。自らが生み出したアイデアに心を囚われてしまうのです。そんな時、「デザインとは神様の下請け仕事だ」という名言を思い出します。そして僕の場合はやっかいなことに、自分のアイデアにすぐ飽きてしまう癖があるので、さっさとごはんを食べて図面を書き終えるようにしています。

今までいろんな人がキャットウォークをつくってきましたが、猫がそれを使う瞬間を見逃してしまいがちです。「あっ!」と気づいた瞬間には、猫はもう歩き終わっているなんてことはしょっちゅうで、ひょっとしたら猫ははじめからそこを歩いていなかったのかもしれません。はしっこにいただけで。

へぐりさん家のキャットウォークには、猫との暮らしを楽しむ1つのアイデアがあります。それは形をジグザグにしたこと。道がジグザグになっていると、猫は自然とゆっくり歩きますし、目の前を何度も横切るだけでなく、可愛い後ろ姿も見せてくれます。

それに気づいたリサ・ローゼンバーグ（28・家事手伝い・浪速区）はこう言いました。「ジグザグキャットウォークは画期的で革新的。もう本当にワオ！って感じ」

イッツオートマチック的な天井の低さが

ヒジョーにカンファタボー

「ニャーか？　ニャーって言うたんか？」

「ジグザグだからね立ち止まるのよ」

キャットツリーについて（その1）

キャットツリーというのは、市販品のキャットタワーのことではありません。ああいうものはわざと壊れやすくつくられていて、すぐにボロボロになります。飽きっぽい猫も多いですから、それはそれで都合がいいのかもしれません。壊れてしまって新しいのを買ってきてあげると、猫たちは大喜びで梱包していた段ボール箱で遊んでくれます（それでいいのか？）。

じゃあ、キャットツリーとは何なのかというと、しっかりと床から生えた「らせん階段」みたいなものです。市販品のキャットタワーはつくりが貧弱なので、猫が動くと揺れてしまい、思い切ったスピードを出せないようです。上下移動のための「猫道」として毎日使ってもらう場合、それは絶対に揺れてはいけません。あなたの猫の動作が緩慢なのは猫のせいではなくて、安定した「猫道」がないせいです。猫に信頼してもらえる「猫道」ならば、猫は屋内でも結構なスピードで上下移動を行ない、その姿はとても美しい。

逆にスピードを出してもらいたくない場合には、足場を不安定にしておけばいいのかもしれません。でも僕は、スピード感あふれる猫の家のほうが好きです。夜中の運動会は勘弁してもらいたいと思ってはいますが。

このキャットツリーを使えば1階からロフトまで一気に駆け上がることができます。
板の数は14枚。背丈は5.8m。3層を貫いているのでかなり大きい。

2階に上がる階段の途中で眼前に飛び込んでくるのは、ちょっと普通じゃない愉快な景色。
そこは猫の遊び場。幾何学的な森のよう。

キャットツリーについて（その2）

キャットツリーのような垂直の「猫道」は、てっぺんで行き止まりにせず、キャットウォークなどの水平な「猫道」につながっているほうがよいでしょう。景色が良いわけでもなく、単なる行き止まりだと猫にばれてしまったら、それはもう使ってくれなくなります。

さて、キャットツリーはほとんどの人が「登るため」にあると思っているようですが、本当は違います。どちらかというと、頭上のキャットウォークから床にまで「降りるため」のものとして僕はデザインしています。

もう何十本もキャットツリーをつくって確かめてきましたが、降りるのは簡単で誰にだってできるのですが、登るのは難しいらしく、人が手取り足取り教えてあげないといけません。へぐりさん家の猫たちも、はじめの頃は奥様とお嬢様の２人に応援されながら登り方をマスターしました。綺麗な身のこなしでスピーディーに登れるようになった子たちはちょっと得意げで、オーディエンスの他の猫たちも、真似して登ろうとはするものの、途中で動き方がよくわからなくなって、落っこちて流血なんてこともありました。あとでだいたい登れるようになりましたが、意外とデンジャラスなんです、キャットツリーって。

降りるのは　カンタンなんです　キャットツリー
登る時には　難しいけど――

登りたい　僕のための　階段が
ちょこちょこいっぱい　ついてますから――

猫は外を見ていたい

猫は窓辺で外をながめていたいのです。テリトリーを守るために監視している子もいますが、遠くで動くものを見ているのは単純に楽しい。放課後に部活で校庭を走る男子や女子を、ぼーっと教室の窓から見ていた“青春が暇な若者”はいっぱいいるはずです。まるで猫みたいです。それは猫と同じなのです。うらやましい限りです。

窓辺にすわって外を見ている猫をよく観察してみると、目をつむっていたりします。見てないじゃないかっ!ってことですが、ぼーっと外をながめているうちに眠たくなったり、外を監視していても平和だから眠たくなったりするのなら、それはとてもしあわせなことです。そもそも猫なんだから寝るに決まってます。うらやましい限りです。

猫専用の窓を「猫窓」とよんでいます。窓が大きいと防犯のことを考えないといけないので、高さや幅が極端に小さいものを用います。さらに外壁の厚みを大きくすることで、サッシの額縁が大きくなりますから、いわゆる出窓になっていなくても、猫にとってゆったりと眠れる窓辺が出来上がります。

「猫窓」は、いろんな高さにたくさん設けましょう。床の高さに設けると、ジャンプ力がなくなった高齢の猫にも喜ばれます。

『もしも生まれ変われるなら猫になってここに住みたいと言った渡辺の言葉を僕は早く忘れたい』

ご主人の書斎にあるトンネル状の「猫道」にも外を見るための窓がついています。
室内にありながらガラスの引き戸で隔てられたこのトンネルは、ぐるっと部屋を巡ってから隣の寝室に通じています。

大きな窓の前にはいい感じの高さに台を設けたりします。
それを僕は「猫台」とよんでいます。番台みたいなものです。

ご主人の書斎と猫の関係

へぐりさん家のご主人は、背が高くてかっこいい人です。しかも、家づくりに対するお金の使い方を心得てらっしゃる上に、設計に口を出さず、打ち合わせは奥様とお嬢様に任せていました。男が設計に対して、細かいお金の話をはじめると、経験上ろくな家になりません。いいものは相応の値段がしますから、価値観の違いから必ず夫婦喧嘩になります。へぐりさんのご主人は男前です。

そんなわけで、ご主人の書斎については、僕は黙って気持ちの良い部屋になるように設計を進めてきました。もちろん奥様も、ご主人のためなのか猫のためなのか定かではありませんが、何かと提案をしてくださり、個室の中では一番愉快な部屋になったかもしれません。

ご主人の書斎には精密機器や、大切なレコード盤があるので、猫の進入を部分的に禁止にしました。でも、猫はキャットツリーに並んで廊下からガラス越しに中を覗きに来ます。それから書斎の壁際に設けたカウンターの下は隣室につながるトンネル状の「猫道」になっているので、猫たちはトンネルのガラス越しに、ちゃんとご主人に挨拶をしていきます。かっこいいご主人にふさわしい、シンプルだけど特別な部屋にすることができました。

猫のごはんと水飲み場

猫は新鮮な水が好きです。水の味にはちょっとうるさい。だからといって、コントレックスを箱買いしたりエビアンを飲ませるのはダメ。外国のミネラルウォーターは硬度が高すぎます。

水道の水をいつでも飲めるようにしてあげるのが一番です。でも、汲み置きの水はまずいと感じるようで、キッチンやお風呂場にある蛇口から直接水を飲もうとする子が多いようですね。

僕が設計する「猫の家」には必ず水飲み場がついています。ポタポタと水がしたたるようにつくっておいてあげると、猫はみんな喜んでそこで水を飲んでくれます。

美味しい水飲み場と猫の食堂は兼用するのが人間にとって都合がいいし、なんとなく猫もそれを当然のように思っているような気がします。猫は人間の食事のように、ごはんを食べながら水を飲むわけではないので、それらが離れていても一向に構わないのですが、水飲み場も食堂もすぐに床が汚れてしまいますから、1ヶ所にまとめておいたほうが拭き掃除がしやすいでしょう。また、ずっと家の中で暮らしている猫にとっては、食べたり飲んだりする場所は、わかりやすくしてあげたほうが、必ずごはんにありつけるという安心感につながると思います。

水面に落ちる水滴がつくる波紋はボウルに溜めた水の酸素含有量を増やします。
それは猫にとって嬉しいこと。

階段の下を半地下のようにすると、人が普通に立てるちょっとしたスペースが生まれます。
階段室は薄暗くなりがちなので、オープンにしてカラフルなタイルを貼りました。

猫のトイレはどうする？

とにかく猫と暮らす上で大切なことは猫トイレです。猫本人はちっとも臭くなくて、どっちかというといいにおいがするのにウンチは臭い。おしっこも臭い。でも、猫本人はおなかに顔を埋めると、やっぱりいいにおいがするんだなぁ。

猫がたくさんいる家ではトイレのにおいが気になります。トイレのにおい対策には建築ならではの良い方法があるのでご紹介しましょう。

においのもとになっている成分は、だいたい空気と同程度か、空気よりも重いので、まずできるだけ低い場所にトイレを置くようにします。へぐりさん家の場合は、半地下みたいな場所にトイレ置き場をつくりました。そして、においの分子が僕たちの鼻に届く前に、すみやかに換気扇で外に出してしまいます。換気扇は絶対に高い場所につけてはいけません。低い位置に漂っている臭いものをわざわざ人の鼻の高さにまで持ち上げてしまうから。

それから、猫トイレを置く場所は時間をかけて確実に汚染されていくので、床や壁は建築時の工事できちんと丸洗いできるように防水しておいたほうがいいでしょう。へぐりさん家の猫トイレ置き場は、ゆるい階段を降りた場所にあって、その床も壁も全部タイル貼りになっています。

多頭飼育だといろんなところが食事場所になりますが、
猫トイレの置き場所はきちんと決めておいたほうがいいと思います。

猫トイレを置くタイル貼りの床は奥に行くほど低くなっています。
24時間換気扇がついていて、においが広がらないように工夫されています。

水飲み場の前が猫の食事スペース。床が濡れたり汚れたりしてもタイル貼りだから安心です。

爪とぎ柱が家を守る

猫の爪とぎ器をお店で買ってきて用意しても、非常に残念な場所で猫は爪をといでしまいます。爪とぎをしてはいけない場所を教えることは可能ですが、そんなことをするよりも、圧倒的な魅力を持つ爪とぎの場所を用意してあげるほうがよいでしょう。そうすれば柱や壁、ドアの枠や家具なんかには目もくれず、決まった場所で爪をといでくれるはずです。そのためには、「これやねん。これが本物の爪とぎやねん。これでないとあかんねん！」と猫に思っていただく必要があります。そうすることで、家はボロボロにならずにすむのです。

そんな爪とぎ器のつくり方はこうです。直径 8mm のマニラロープ（麻縄）を床から天井まである柱にぐるぐる巻きつけて「爪とぎ柱」をつくります。そして、猫が体重をかけて本気で爪を立てても動かないようにしっかりと固定します。この「しっかりさ」がとても重要です。

へぐりさん家の「爪とぎ柱」は、家を支えている柱に大工さんが麻縄を巻きつけてつくってくれました。家を支えている柱ですから、そりゃもうこれ以上ないぐらいにしっかりと固定されています。そして、家のあちこちがボロボロにならないようにすべてを引き受けてくれているのです。

あんたたちが見てるから

最近カラダが重たいけれど

一番上まで登ったのに

よそ見してたでしょ！

20cm×20cmの穴から見える世界

へぐりさん家には、やたらと多くの穴が壁に開けられています。外をながめるための窓も多いのですが、部屋を区切る壁にもたくさんの穴が開けられています。若い猫は高い場所にある穴をくぐるのが好きで、おばあさん猫や太った猫は普通に床を歩いて、目の前に開けられた穴をくぐります。穴のサイズは20cm × 20cm。僕はこれを「猫穴」とよんでいます。

猫は人間が思っているほど記憶力がよくありません。正確に言うと、自分がどこにいるのかを記憶する方式が、たぶん人間とは異なるので、家の全体像がわかるまでにちょっと時間がかかるようです。ということは「猫穴」をくぐるたびに新しい景色が広がるその感じは、猫にとって退屈しない冒険になっているのかもしれません。

どういうわけか僕が訪れる時には、はなちゃんとこはるが「猫穴」から顔だけを出して出迎えてくれます。訪問者を見て一目散に逃げてしまう子も多いのですが、壁の穴からちょこっと顔だけを見せてくれると、挨拶ができて嬉しいもんです。また、普通の家だと、猫のいい顔写真を撮るのに一苦労しますが、「猫穴」があると簡単です。そんなちょっとしたおまけの機能も「猫穴」にはあります。

「俺が先頭で突入するからおまえらはついてこい。カメラマン、おまえもだ。遅れるなよ！」
「了解！」「イエッサー！」

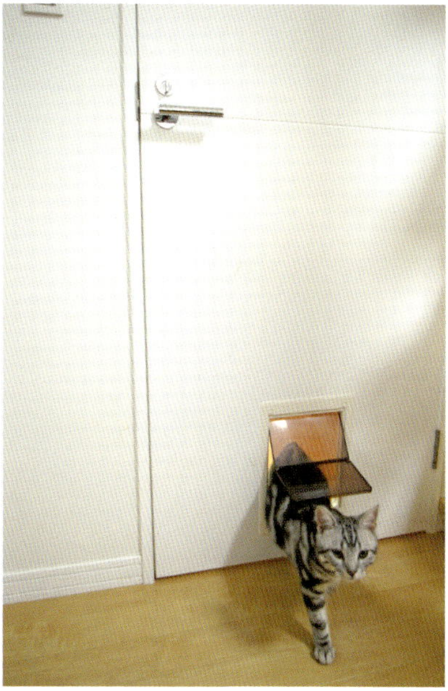

「あれっ。カメラさん。もう中でスタンバッてたんですか？ アリガトウゴザイマス」
（はい。どういたしまして）

「そっちがこっち見てるの知ってるから、猫的には凝視せざるを得ないの。わかる？」

猫は猫を見ている

へぐりさん家で僕がつくった「猫道」はカラダを巡る血管のようにいろんな場所に行きつくようになっていて複雑につながっています。「猫道」はそこを誰かがずっと歩いているわけではなくて、猫なのでやっぱり道の真ん中でへそを上にして寝ころんでいたり、他の猫をながめていたりします。このほどよい間合いをとりながら他の猫をながめていられる環境がとても大切で、普通の家ではなかなかそんな場所はありません。

家の中だけで暮らす猫たちにとって、他の猫が今何をしているのかをちゃんと確かめることはとても大切だと僕は考えています。人の想像以上に猫は猫を見ていて、それが単なる暇つぶしの時もあれば、誰かがうまくやった遊びを真似るための観察だったり、仲の悪い関係なら無意味な争いを避けるためのお互いの気配りだったりするからです。

へぐりさん家の2階のプレイルームによく来るメンバーは、みんな仲良しなので、どっちかというと遊びを真似るための観察が多いようです。中でもちなつは新参者の若い猫のすばやい動きをよく見ていて、若い猫の動きに合わせて、顔を右から左、左から右へと向ける姿はお母さんみたいでとても微笑ましいのです。雄だけど。

――皆さん今は誰を見ていらっしゃるのですか？
「下の」「右上の」「左上の」

「あなたのうしろの」

「ふく」さんと「ひな」さん

猫の家を設計する仕事をしている以上、お客様の猫の生と死に必ず直面します。実際のところ僕には何もできないのですが、設計図にはシニア猫への気遣いを忘れないようにしています。猫には独特の気高さがあり、最期までその尊厳を大切にしたいのです。こんな考えは、猫の平均寿命が昔より7歳ぐらい延びたことを考えると、きっともう、あたりまえのことなんです。

ふくさんとひなさんは12歳。メインクーンのシニア姉妹です。はたから見ればまだまだ元気に見えるのですが、もう体に無理がきていることを僕はへぐりさんに聞かされていました。この姉妹が最期まで猫らしくととのった生活ができるように、若い猫用のアクティブな「猫道」には必ずシニア猫用のおだやかな「猫道」を併設したりして、決してシニア猫が自分の行動を途中であきらめないで、時々は若い猫を見下ろせるような場所にまで行けるように、この家は設計されています。

観察記録の最後に、みんなの顔写真を若い猫から順番に撮っていたのですが、ふくさんとひなさんの番になった時、普段は1階にいる彼女らは2階まで来てくれました。そして、長い毛並みに陽があたってとても綺麗な姿を僕に撮影させてくれました。

はなちゃんと6匹の子猫。授乳中。

へぐりさん家のしあわせな猫たち

へぐりさん家は2009年の夏に完成して、人間が3人、猫16匹、犬5匹というメンバーで新しい生活がはじまりました。しばらくの間は撮影のためにしょっちゅうお邪魔していたのですが、冬になってそれも落ち着き、正月を迎えると、へぐりさんから謎の年賀状が届きました。

「家族がこんなに増えちゃいまして、この家が益々にぎやかで、悲鳴が聞こえてきそうです」

悲鳴が聞こえるとあるので、何事かと思いましたが、よく読んでみると、ノルウェージャンの櫂くんとはなちゃんの間に6匹の子猫が生まれたとのこと。きっと可愛くて「嬉しい悲鳴」を上げているのでしょう。でも挨拶に伺ったら、本当に2階から悲鳴が聞こえてきました。駆けつけてみると高い場所に登って降りられなくなった子猫たちが、助けてくれとニャーニャー騒いでいます。悲鳴を上げていたのは奥様でした。軽い身のこなしでお嬢様がすぐに救出に向かったので大騒ぎするほどのことではなかったのですが、新しい家族になった6匹の子猫たちはとても可愛がられています。

「最近、飛べない猫が多いのよね」

ある女性カメラマンが場末の居酒屋で、世界の終わりを嘆くように吐いたセリフです。彼女に言わせると、イエ猫も野良猫も、運動能力がひどく低下しているらしいのです。でも、へぐりさん家の猫たちは大丈夫。先輩猫のステップを後輩猫が真似をし、時にはジャンプの目測を誤って落下することもありますが、トライアル・アンド・エラーを繰り返して、よく飛んでいます。飛べない猫が不幸というわけではないのでしょうが、飛べる猫のほうが自然体です。だから、へぐりさん家の猫は、かなり、しあわせなんじゃないかなぁと僕は思っています。

1-2-3、1-2-3って歌いながらシャッターを切ると、かなりの確率で3匹撮れます。
「グロリア・エステファン&ザ・マイアミ・サウンド・マシーン」は11まで数えちゃうから要注意。

——さいごに
この写真は4年後の様子。
馬琉くんもすっかり大人になり、新メンバーも加わりました。

犬は土足で暮らしているけれど、
家の中にいる猫たちはみんな
裸足の子どもなんです。

廣瀬 慶二（ひろせ けいじ）

1969年神戸生まれ。神戸大学大学院自然科学研究科修了。一級建築士、一級愛玩動物飼養管理士。設計事務所ファウナ・プラス・デザイン代表。ペット共生住宅の専門家として、海外でも知られる。「住まいのリフォームコンクール」国土交通大臣賞受賞。著書に『ペットと暮らす住まいのデザイン』（丸善出版）がある。

—

ブックデザイン：ニルソンデザイン事務所
編集：菊地朱雅子（幻冬舎）

へぐりさんちは猫の家

2014年6月25日　第1刷発行

著　者　廣瀬慶二
発行人　見城 徹

発行所　株式会社 幻冬舎
〒151-0051 東京都渋谷区千駄ヶ谷4-9-7
電話　03(5411)6211(編集)
03(5411)6222(営業)
振替00120-8-767643
印刷・製本所　近代美術株式会社

検印廃止

ISBN978-4-344-02593-6　C0095
幻冬舎ホームページアドレス　http://www.gentosha.co.jp/

この本に関するご意見・ご感想をメールでお寄せいただく場合は、
comment@gentosha.co.jpまで。